ROLF DIETZ

Probleme
des Mitbestimmungsrechts

SCHRIFTENREIHE
DER JURISTISCHEN GESELLSCHAFT e.V.
BERLIN

Heft 25

Berlin 1966

WALTER DE GRUYTER & CO.

vormals G. J. Göschen'sche Verlagshandlung · J. Guttentag, Verlagsbuchhandlung
Georg Reimer · Karl J. Trübner · Veit & Comp.

Probleme
des Mitbestimmungsrechts

Von

Dr. Rolf Dietz
Professor an der Universität München

Vortrag
gehalten vor der
Berliner Juristischen Gesellschaft
am 11. Dezember 1964

Berlin 1966

WALTER DE GRUYTER & CO.
vormals G. J. Göschen'sche Verlagshandlung · J. Guttentag, Verlagsbuchhandlung
Georg Reimer · Karl J. Trübner · Veit & Comp.

Archiv-Nr. 27 27 66 6

Satz und Druck : $ Saladruck, Berlin 36

I.

1. Eines der Zentralprobleme der *sozialen Frage* in der Mitte
und der zweiten Hälfte des 20. Jahrhunderts ist — wenigstens
in Deutschland[1] — das der Mitbestimmung und Mitwirkung
der Arbeitnehmer.

Dieses Verlangen hat zwei Wurzeln: Das Streben, dadurch
auf die Arbeitsbedingungen Einfluß zu gewinnen und so den
Lebensstandard der Arbeitnehmer zu heben, und den Wunsch
der Arbeitnehmer, nicht mehr gleichsam ein Rädchen im Wirken
eines anderen, sondern Mitgestalter und Mitträger des betrieblichen Geschehens zu sein.

Ein Mitbestimmungsrecht im ersten Bereich tritt uns seit lan-
gem im *Tarifvertragsrecht* entgegen. Über den Einfluß der Tarifverträge auf die Entwicklung der Arbeitsbedingungen ist kein
Wort zu verlieren. Er wird deutlich, wenn man sich vor Augen
hält, um was die Tarifvertragsgespräche in den 20er Jahren
gingen und um was heute verhandelt wird. Die Mitgestaltung
der Arbeitnehmer an den Arbeitsbedingungen durch Tarifverträge ist uns so selbstverständlich, daß man meist gar nicht an
diese denkt, wenn man von Mitbestimmung spricht. Hier ergeben sich unter dem Gesichtspukt unserer Überlegungen eigentlich nur Probleme in der Hinsicht, ob der Tarifmacht Grenzen
gezogen sind, und zwar so, daß bestimmte Fragen nicht kollek-
tivrechtlich geregelt werden können, sondern den Parteien des
Einzelarbeitsverhältnisses überlassen bleiben müssen. Es sei etwa
an die Streitfrage erinnert, ob eine Effektivklausel zulässig ist,
d. h. eine tarifliche Abrede, wonach auch die übertariflichen
Löhne um den gleichen Satz angehoben werden wie die tarif-
lichen Löhne. Ich halte eine solche Klausel für unzulässig, weil
der Tarifvertrag nur generelle Regeln aufstellen, Mindestbedin-

---

[1] In den anderen Ländern — des Westens — spielt die Forderung nach
Mitbestimmung, vor allem nach Mitbestimmung in wirtschaftlicher Hinsicht
nur eine sehr bescheidene Rolle — vom Tarifrecht abgesehen.

gungen festsetzen, aber nicht in die individuellen Abreden eingreifen kann[2].

Das Mitbestimmungsrecht ist eine Erscheinung des *Kollektivrechts*. Es wird von den Repräsentanten der Arbeitnehmer, den Gewerkschaften und den Betriebsräten bzw. Personalräten wahrgenommen und dient der Wahrung *kollektiver* Interessen.

Dabei ist es durchaus denkbar, daß das Kollektivinteresse mit dem Individualinteresse in Widerspruch tritt. Das kann dort vorkommen, wo es sich um die Gestaltung der kollektiven *Ordnung* handelt, nicht um die von Arbeitsbedingungen, dort also, wo das Günstigkeitsprinzip keine Rolle spielt, etwa Beschäftigungsverbote, Widerspruch des Betriebsrats gegen die Höherstufung eines Arbeitnehmers u. ä.

2. Wie erwähnt, denken wir, wenn wir heute vom Mitbestimmungsrecht sprechen, eigentlich nicht mehr an die Tarifverträge, sondern in erster Linie an den *Betrieb*, in zweiter Linie an das *Unternehmen*.

Von letzterem ist vor allem die Rede bei den Forderungen der Gewerkschaften nach Ausdehnung des paritätischen Mitbestimmungsrechts in der Schwerindustrie, nämlich in den Aufsichtsräten und bei den Überlegungen im Zusammenhang mit der Aktienreform.

II.

Ich darf mich auf Probleme des *Mitbestimmungsrechts in den Betrieben*, und zwar in den Betrieben der *Privatwirtschaft* beschränken — das Personalvertretungsrecht soll außerhalb der Überlegungen bleiben.

---

[2] DIETZ, Freiheit und Bindung im kollektiven Arbeitsrecht, S. 21; NIKISCH, BB 1956 S. 468; ders. Lehrbuch des Arbeitsrechts Bd. II 2. Aufl. S. 453; WLOTZKE, Das Günstigkeitsprinzip S. 63; die h. M. hält die sog. „begrenzte Effektivklausel" für zulässig, durch die bestimmt wird, daß jeder Lohn um die tarifliche Lohnerhöhung angehoben wird, dieser Lohn aber nicht die Garantie der Unabdingbarkeit genießt, so HUECK-NIPPERDEY-STAHLHACKE, Komm. zum Tarifvertragsgesetz 4. Aufl. § 1 Anm. 177; NIPPERDEY bei HUECK-NIPPERDEY, Lehrb. des Arbeitsrechts Bd. II 6. Aufl. S. 426; SCHNEIDER, AuR 1958 S. 118; FREY, RdA 1960 S. 293; BAG AP Nr. 1 und 5 zu § 4 TVG Effektivklausel (2 AZR 183/54 bzw. 4 AZR 501/59).

Die Forderung nach einem betrieblichen Mitbestimmungsrecht wurde schon 1848 erhoben, aber damals nicht realisiert. Die Novelle zur GewO von 1891 sah Arbeitnehmerausschüsse vor, machte ihre Errichtung aber von der Zustimmung des Arbeitgebers abhängig, so daß sie praktisch keine Rolle spielten. Im Bergbau wurden 1905 obligatorisch Arbeiterausschüsse eingeführt, die bei der Festsetzung der Arbeitsordnung mitzubestimmen hatten. 1916 erhielten die sog. Hilfsdienstbetriebe Arbeitnehmerausschüsse. Allgemein wurde ein betriebliches Mitbestimmungs- und Mitwirkungsrecht durch das Betriebsrätegesetz von 1920 eingeführt[3]. Es ist also älter als das Tarifvertragsrecht, aber im Gegensatz zu diesem — wo es im Grundsätzlichen kaum mehr Meinungsstreit gibt — bestehen im betrieblichen Bereich noch zahlreiche Meinungsverschiedenheiten, und zwar merkwürdigerweise gerade bei den Angelegenheiten, bei denen wir am längsten eine Tradition des Mitbestimmungsrechts haben, bei den sog. sozialen Angelegenheiten.

Oft und vor allem in den grundsätzlichen Erörterungen wird der Begriff der *Mitbestimmung* gleichsam als Oberbegriff für alle Beteiligungsrechte der Arbeitnehmer angesehen[4]. Früher behandelte man zum Teil Mitbestimmung und Mitwirkung als synonym[5]. Heute sprechen wir von *Mitbestimmung* nur, wenn die Entscheidung, etwa wann die Arbeitszeit liegt, ob jemand eingestellt werden soll, durch *Übereinstimmung* von Arbeitgeber und Betriebsrat erfolgt bzw. daß sie unterbleiben muß, wenn der Betriebsrat widerspricht, oder auch, wenn der Betriebsrat durchsetzen kann, daß eine Regelung mit seinem Einverständnis bzw. durch einen bindenden Spruch einer Einigungsstelle erfolgt[6].

[3] Zur historischen Entwicklung der Betriebsverfassung s. NEULOH, Die deutsche Betriebsverfassung und ihre Sozialformen bis zur Mitbestimmung (1956); TEUTEBERG, Geschichte der industriellen Mitbestimmung in Deutschland (1961); DIETZ, Komm. zum Betriebsverfassungsgesetz 3. Aufl. vor § 1 Anm. 4; NIPPERDEY bei HUECK-NIPPERDEY, II S. 673 ff.

[4] GALPERIN, BB 1951 S. 257 ff.; MÜLLER, BB 1951 S. 339 ff.; NIKISCH, Arbeitsrecht Bd. I 3. Aufl. S. 22; REINHARDT, Festschrift für NIPPERDEY, (1955) S. 235 ff.; NEUMANN-DUESBERG, Betriebsverfassungsrecht (1960) S. 131 ff.

[5] Vgl. DIETZ, RdA 1952 S. 42.

[6] MEISSINGER, RdA 1950 S. 41; DIETZ, a. a. O.; ders. Komm. z. Betriebsverfassungsgesetz 3. Aufl. Einführung S. 36 ff., vor § 49 Anm. 28; GALPERIN-SIEBERT, Komm. zum Betriebsverfassungsgesetz 4. Aufl. vor § 49 Anm. 27; FITTING-KRAEGELOH-AUFFARTH, Komm. zum Betriebsverfassungsgesetz 7. Aufl. § 1 Anm. 24 ff.; NIPPERDEY bei HUECK-NIPPERDEY, II S. 807.

4

Demgegenüber reden wir von *Mitwirkung,* wenn der Betriebsrat an der Entscheidung nicht selbst beteiligt ist, sondern nur auf den Entscheidenden, d. h. den Arbeitgeber, durch Anhörung oder Beratung Einfluß nehmen kann, die Entscheidung selbst aber diesem allein verbleibt[7].

Man wird auch von Mitbestimmung sprechen müssen, wenn der Unternehmer eine Entscheidung nicht ohne Zustimmung des Betriebsrats treffen *darf,* wie in den wirtschaftlichen Angelegenheiten[8]. Bei ihnen ist die Maßnahme des Unternehmers auch wirksam, wenn er sich über den Widerspruch des Betriebsrats hinwegsetzt. Er muß nur die sozialen Folgen einer Fehlentscheidung in stärkerem Maße tragen als sonst. Werden nämlich Entlassungen notwendig, so hat er eine Abgangsentschädigung zu gewähren, auch wenn diese durch die Verhältnisse des Betriebes nunmehr bedingt sind.

III.

Bedeutet somit *Mitbestimmung* gleichberechtigte *Mitentscheidung,* so ist damit noch nicht gesagt, daß in allen Fällen, in denen eine Mitbestimmung in Betracht kommt, der Arbeitgeber ohne Zustimmung des Betriebsrats keine Entscheidung treffen *kann.* Es ist durchaus möglich, daß Arbeitgeber und Betriebsrat eine Vereinbarung über eine Angelegenheit treffen, die der Arbeitgeber auch allein treffen kann, vorausgesetzt nur, daß sie in die potentielle Zuständigkeit des Betriebsrats fällt.

So sieht im Bereich der sozialen Angelegenheiten § 57 BetrVG ausdrücklich vor, daß auch in anderen Angelegenheiten als in den in § 56 aufgeführten eine Betriebsvereinbarung getroffen werden kann.

Richtigerweise wird man daher von einem Mitbestimmungs-*recht* nur dort sprechen, wo der Betriebsrat einen *Anspruch* auf

---

[7] Dietz, vor § 49 Anm. 27; Fitting-Kraegeloh-Auffarth, a. a. O.

[8] Dietz, vor § 49 Anm. 31; — Galperin-Siebert, vor § 49 Anm. 27 sprechen von einer abgeschwächten Form der Mitbestimmung; Nipperdey bei Hueck-Nipperdey, II S. 72, bezeichnet es als nicht echtes Mitbestimmungsrecht; — Erdman, Komm. zum Betriebsverfassungsgesetz 2. Aufl. (1952) vor § 67 Anm. 5; Bührig, Handbuch der Betriebsverfassung (1953) § 72 Anm. 2; Hessel, BB 1952 S. 924 verneinen überhaupt den Charakter eines Mitbestimmungsrechts.

Mitbestimmung hat oder wo die betreffende Angelegenheit nur mit seiner Zustimmung getroffen werden *kann* oder *darf* bzw. zurückgenommen werden muß, wenn er ihr widerspricht.

Andererseits ist es durchaus möglich, daß auch das *Mitwirkungsrecht* so gestaltet ist, daß seine Ausübung, etwa die Anhörung oder Beratung mit dem Betriebsrat Wirksamkeitsvoraussetzung ist. Das BAG hat die Anhörung des Betriebsrats vor Kündigungen beinahe zu einer solchen Wirksamkeitsvoraussetzung ausgestaltet. Allerdings ist auch nach seiner Ansicht die Kündigung ohne Anhörung nicht unwirksam, aber es verbietet dem Arbeitgeber, der sich schuldhaft, vorsätzlich und widerrechtlich über die Anhörungspflicht hinweggesetzt hat, sich in einem anschließenden Kündigungsschutzprozeß darauf zu berufen, daß die Kündigung sozial gerechtfertigt sei[9]. Die Meinung des BAG wird von der Literatur, von wenigen Ausnahmen[10] abgesehen, abgelehnt[11], aber sie ist durch eine feststehende Rechtsprechung für die Praxis maßgeblich[12].

IV.

Das BetrVG unterscheidet beim Mitbestimmungs- und Mitwirkungsrecht *soziale, personelle* und *wirtschaftliche* Angelegenheiten.

---

[9] BAG AP Nr. 1 zu § 66 BetrVG (1 AZR 258/54).

[10] KRÜGER, DB 1955 S. 70; NIPPERDEY bei HUECK-NIPPERDEY, II S. 855; LÜKE, JZ 1960 S. 208; im wesentlichen auch HUECK, in Anm. zu AP Nr. 1 und 2 zu § 66 BetrVG; ders. Komm. zum Kschg 5. Aufl. Einl. III 3 a; ders. bei HUECK-NIPPERDEY, Lehrb. II 7. Aufl. S. 647, allerdings nur für die vorsätzliche Nichtanhörung des Betriebsrates; — vermittelnd BÖTTICHER, RdA 1962 S. 384, der dem Betriebsrat ein Anfechtungsrecht einräumen will.

[11] DIETZ, § 66 Anm. 11 i; GALPERIN-SIEBERT, § 66 Anm. 21 ff.; FITTING-KRAEGELOH-AUFFARTH, § 66 Anm. 11 ff.; MAUS, Handbuch des Arbeitsrechts VIII § 66 Anm. 11 b; NEUMANN-DUESBERG, S. 547 ff.; BÖTTICHER, BB 1954 S. 921; BOHN, SAE 1955 S. 29; FREY, AuR 1955 S. 319 und 1957 S. 70; HABERKORN, BetrVerf. 1955 H. 3 S. 8; HERSCHEL, JZ 1954 S. 762; MOLITOR, ARBlattei „Betriebsverfassung" XIV C Entsch. 2, 3 und 7; NIKISCH, DB 1956 S. 1108; OSSWALD, SAE 1956 S. 203; OSTHOLD, ArbGeb. 1955 S. 211; REINHARDT, Festschrift für NIKISCH, S. 112 ff.; REINICKE, NJW 1955 S. 1666.

[12] BAG AP Nr. 4, 6, 10, 17, 20, 27 zu § 66 BetrVG (1 AZR 429/54 bzw. 1 AZR 570/55 bzw. 1 AZR 433/55 bzw. 1 AZR 269/57 bzw. 2 AZR 179/59 bzw. 2 AZR 466/64).

Es versteht unter *sozialen* Angelegenheiten alles, was mit den Arbeitsbedingungen im weitesten Sinne zusammenhängt, einschließlich der Wohlfahrtseinrichtungen,

unter *personellen* Angelegenheiten: Einstellung, Versetzung, Umgruppierung und Entlassung, also Fragen, die mit der Zusammensetzung der Belegschaft zusammenhängen,

unter *wirtschaftlichen* Angelegenheiten bestimmte Betriebsveränderungen, etwa Stillegung eines Betriebes, Zusammenlegung von Betrieben, Einführung von neuen Arbeitsmethoden.

Vom Begrifflichen her ist die Unterscheidung nicht sehr überzeugend, was sich schon darin erweist, daß das PersVG Maßnahmen, die das BetrVG als wirtschaftliche bezeichnet, zu den personellen rechnet. Bedeutungsvoll ist die Unterscheidung vor allem um deswillen, weil den drei Bereichen besondere *Formen* der Beteiligungsrechte zugeordnet sind, abgesehen davon, daß die funktionelle Zuständigkeit der Betriebsräte in sozialen Angelegenheiten eine umfassende, in den personellen und wirtschaftlichen dagegen nur auf die gesetzlichen Tatbestände beschränkt ist[13].

V.

1. Während das PersVG für die Ausübung der Beteiligungsrechte ein genau umschriebenes Verfahren vorsieht[14], kennt das BetrVG ein solches nur bei den personellen Angelegenheiten und auch hier nur, soweit es sich um Einstellung, Versetzung, Umgruppierung und das Verlangen auf Entlassung eines Mitgliedes der Belegschaft handelt.

Im wichtigsten Bereich, nämlich in den sozialen Angelegenheiten stellt das Gesetz nur einen Katalog von Angelegenheiten auf, bei denen der Betriebsrat ein Mitbestimmungs*recht* hat und bestimmt, daß bei Nichteinigung eine Einigungsstelle auf Antrag auch nur eines Teiles eine bindende Entscheidung treffen kann.

---

[13] Vgl. zu der Streitfrage, ob eine Ausdehnung des Mitbestimmungsrechtes in personellen und wirtschaftlichen Angelegenheiten möglich ist: DIETZ, § 1 Anm. 14 d und die dort angeführte Literatur.
[14] §§ 61—65 PersVG.

Ähnlich ist es bei den wirtschaftlichen Angelegenheiten (§§ 72, 73 BetrVG).

Ich darf mich auf das Mitbestimmungsrecht in sozialen Angelegenheiten beschränken.

Obwohl der in § 56 aufgeführte Katalog von mitbestimmungspflichtigen Angelegenheiten eigentlich nur eine Fortbildung der alten *Arbeitsordnung* ist, wie wir sie seit Ende des 19. Jahrhunderts kennen, bestehen hier die meisten Meinungsverschiedenheiten.

2. Dabei geht es hier zunächst um die grundsätzliche Frage, worauf zielt hier das Mitbestimmungsrecht: Auf den *Abschluß einer Betriebsvereinbarung,* durch die diese Angelegenheiten *geregelt* werden, genauso wie das früher durch die Arbeitsordnung geschah — allerdings mit dem wesentlichen Unterschied, daß die Bestimmungen der Betriebsvereinbarung im Gegensatz zu den meisten Vorschriften der alten Arbeitsordnung gleich den Normen eines Tarifvertrages unabdingbar sind?[15]

oder bezieht sich das Mitbestimmungsrecht auf die Angelegenheiten selbst.

Die Konsequenzen der unterschiedlichen Meinung sind wesentlich.

Nach der ersten Meinung kann der Betriebsrat eine *normative Regelung verlangen* und notfalls *durchsetzen.* Gegenstand des Mitbestimmungsrechtes ist die *Regelung* dieser Angelegenheiten. Die andere Meinung geht dahin, daß eine der in § 56 genannten Angelegenheiten ohne Zustimmung des Betriebsrats auch nicht auf der Ebene des Einzelarbeitsvertrages gestaltet werden kann.

Vom Standpunkt der ersten Lehre aus kann der Betriebsrat etwa eine Betriebsvereinbarung über die Lage der Arbeitszeit, über den Urlaubsplan, über den Akkordansatz, über das Verhalten der Arbeitnehmer verlangen. Aber solange eine Betriebsvereinbarung oder ein Spruch der Einigungsstelle nicht vorliegt, kann diese Angelegenheit auch auf der Ebene des Einzelarbeits-

---

[15] Vgl. DIETZ, § 56 Anm. 1 b; ders. BB 1954 S. 349; ders. BB 1959 S. 1214; ders. RdA 1962 S. 394; ders. Festschrift für NIPPERDEY, S. 148; MEISSINGER, Komm. zum Betriebsverfassungsgesetz (1952) § 56 Anm. 3; ERDMAN, § 56 Anm. 3; KÜCHENHOFF, Komm. zum BetrVG (1954) § 56 Anm. 3; A. HUECK, ARBlattei „Arbeitsordnung" I; G. HUECK, RdA 1952 S. 367; VIELHABER, BB 1953 S. 358; GUMPERT, BB 1953 S. 359; SCHULZE-REIMPELL, BB 1962 S. 142; DIEKHOFF, DB 1965 S. 555.

vertrages geregelt werden — durch entsprechende Abreden in den Verträgen, soweit es in Betracht kommt, z. B. hinsichtlich der Lage der Arbeitszeit auch durch die Ausübung des Direktionsrechts.

Nur darüber besteht Einigkeit, daß das Mitbestimmungsrecht des Betriebsrats sich auf die Ausgestaltung eines einzelnen Arbeitsverhältnisses mit Rücksicht auf dessen *individuelle* Besonderheiten nicht bezieht, etwa, daß Fräulein Eulalia Schwanenhals 5 Minuten früher den Dienst verlassen kann, weil sie sonst ihren Zug nicht erreicht[16].

Für die erstere Ansicht spricht die *historische Entwicklung*. Denn die alte Arbeitsordnung, der, wie erwähnt, der Katalog des § 56 BetrVG nachgebildet ist, war ein *Normenkomplex*. Für sie spricht auch die Entwicklung der *gesetzlichen Vorarbeiten*. Der Regierungsentwurf sah vor, daß durch eine Betriebssatzung die angeführten Angelegenheiten geregelt werden sollten[17]. Man strich das Wort Satzung — *ausschließlich* deswegen, weil der Gesetzgeber in den damals schwebenden wissenschaftlichen Streit, ob die Betriebsvereinbarung Satzung oder — ähnlich wie der Tarifvertrag — Vertrag bzw. Vereinbarung sei, nicht eingreifen wollte[18]. Es ist bezeichnend, daß der dem § 56 folgende § 57 einfach von Betriebsvereinbarungen spricht, was darauf hindeutet, daß auch § 56 Betriebsvereinbarungen meint.

Die erstere Ansicht halte ich auch heute noch für richtig, für sie spricht nicht nur, wie erwähnt, die historische Tradition und der Gang der Gesetzgebung, sondern wie mir scheinen will, auch die *Klarheit des Ergebnisses*. Von ihrem Standpunkt aus hat der Betriebsrat *jederzeit* die Möglichkeit, das ihm zustehende Mitbestimmungsrecht durchzusetzen, notfalls durch Anrufung der Einigungsstelle zu erreichen, daß für diese Angelegenheiten objektives, unabdingbares Recht gesetzt wird. Aber die Parteien

---

[16] Vgl. DIETZ, § 56 Anm. 1 k; GALPERIN-SIEBERT, vor § 56 Anm. 11; FITTING-KRAEGELOH-AUFFARTH, § 56 Anm. 5; MAUS, § 56 Anm. 11; NIPPERDEY bei HUECK-NIPPERDEY, II S. 833; NEUMANN-DUESBERG, S. 463; HIERSEMANN, BB 1962 S. 184; jetzt auch NIKISCH, Festschrift für NIPPERDEY (1965) II S. 458; BAG AP Nr. 2 zu § 56 BetrVG (1 AZR 646/54) und AP Nr. 2 zu § 56 BetrVG Entlohnung (1 ABR 6/62).

[17] § 61 des Regierungsentwurfes von 1950, RdA 1950 S. 346.

[18] Vgl. BT-Drucks. Nr. I/3585 S. 10; SABEL, RdA 1952 S. 288; DIETZ, § 56 Anm. 1 e.

des Einzelarbeitsverhältnisses sind, solange das nicht geschehen ist, in ihrer Vertragsfreiheit nicht beschränkt. Wenn und sobald eine Betriebsvereinbarung geschlossen ist, setzt sie sich, soweit es sich um Ordnungsgrundsätze handelt, unbedingt, sonst nach dem Günstigkeitsprinzip durch. Ursprünglich war das herrschende Ansicht. Die gegenteilige Meinung hat sich jedoch durchgesetzt[19], und die Rechtsprechung ist ihr gefolgt[20] oder auch umgekehrt.

3. Aber ich will nicht *diesen* Streit hier weiter ausbreiten, sondern Probleme herausstellen, die sich vom Standpunkt der *heute herrschenden* Lehre ergeben.

Diese Meinung geht, wie erwähnt, dahin, daß die in § 56 aufgeführten Angelegenheiten einzelvertraglich nicht gestaltet werden können, solange der Betriebsrat nicht zugestimmt hat.

D. h. die *Ausübung des Mitbestimmungsrechtes ist Wirksamkeitsvoraussetzung.*

4a). Nun könnte man meinen: also muß eine Betriebsvereinbarung geschlossen werden, und dann ist in dem durch sie gesetzten Rahmen auch für einzelvertragliche Abreden Platz. Aber es hat sich alsbald gezeigt, daß das nicht realisierbar ist. Der Abschluß einer Betriebsvereinbarung ist ein verhältnismäßig umständliches Geschäft, schon weil er schriftlich erfolgen muß. Davor schrecken die Beteiligten zurück. Dazu kommt, daß nicht selten schnelle Änderungen notwendig sind, Anpassung der Akkordsätze an neues Material, an ein neues Fertigungsprogramm, Verlegung der Arbeitszeit, etwa mit Rücksicht auf den Rosenmontagszug oder im Hinblick auf Weihnachten und Neujahr, Änderungen der Vorschriften über das Verhalten der Arbeitnehmer mit Rücksicht auf neue Maschinen oder neues Rohmaterial.

---

[19] GALPERIN-SIEBERT, vor § 56 Anm. 53 ff.; FITTING-KRAEGELOH-AUFFARTH, § 56 Anm. 6; NIPPERDEY bei HUECK-NIPPERDEY, II S. 832; BÜHRIG, § 56 Anm. 1; MEISSINGER, § 56 Anm. 3; NEUMANN-DUESBERG, S. 454; REWOLLE, DB 1958 S. 1392; AUFFARTH, ARBlattei „Betriebsverfassung" XIV B II 1; NIKISCH, Festschrift für NIPPERDEY, 1965 II S. 454.
[20] BAG 1. Senat in AP Nr. 2, 4, 6 und 22 zu § 56 BetrVG (1 AZR 646/54 bzw. 1 AZR 521/54 bzw. 1 AZR 397/56 bzw. 1 AZR 548/58) und 5. Senat in AP Nr. 84 zu § 611 BGB Urlaubsrecht (5 AZR 423/60).

4 b). Im Anschluß an eine von *Siebert*[21] zur Überbrückung dieser Schwierigkeit begründeten Lehre hat man gemeint, das Mitbestimmungsrecht brauche *nicht* in einer *bestimmten Form* realisiert zu werden[22]. Wenn aber keine Form nötig ist, ist es nur
konsequent, daß die Zustimmung auch *stillschweigend* erfolgen
kann. Das ist offensichtlich auch die Ansicht des BAG[23]. Ein stillschweigendes Einverständnis ist anzunehmen, wenn der Betriebsrat weiß, daß eine Angelegenheit, die seinem Mitbestimmungsrecht unterliegt, in einer gewissen Weise praktiziert wird und
dazu schweigt. Gleiches gilt bei einer Änderung, der der Betriebsrat trotz Kenntnis nicht widerspricht, z. B. einer neuen Akkordregelung.

Hier stellt sich aber eine Frage, auf die mit Recht *Adomeit*[24]
hinweist: Wie ist das mit dem Grundsatz verträglich, daß der
Betriebsrat seinen Willen nur durch *Beschlüsse,* und zwar in einer
Sitzung, bilden kann? Auch wenn man meint, an einen solchen
Beschluß seien keine allzu strengen formellen Anforderungen
zu stellen, es genüge, wenn sich aus einem anderen Beschluß
ergäbe, daß der Betriebsrat mit dieser Maßnahme einverstanden
ist, so setzt das eben einen solchen anderen Beschluß voraus.
Außerdem kann ein Beschluß — soweit nicht alle damit einverstanden sind — nicht über einen Gegenstand gefaßt werden,
der nicht auf der Tagesordnung stand[25].

Wenn man wirklich mit diesem Einwand Ernst macht, dann
bleibt bei der stillschweigenden Zustimmung nicht mehr viel
Erleichterung gegenüber der Notwendigkeit einer Betriebsvereinbarung. Natürlich entfällt die Schriftform und das Erfordernis einer präzisen Formulierung, und es muß ein Beschluß ge-

---

[21] SIEBERT, BB 1952 S. 952; ders. RdA 1958 S. 165.
[22] Nach h. M. wird das Mitbestimmungserfordernis des § 56 nicht nur
im Wege einer Betriebsvereinbarung, sondern auch durch „formlose Einigung" oder „Regelungsabrede" zwischen den Betriebspartnern erfüllt:
KRAEGELOH, DB 1952 S. 950; HESSEL, DB 1953 S. 801; GALPERIN, RdA 1955
S. 261; HERSCHEL, AuR 1959 S. 320; G. HUECK, RdA 1962 S. 376; ADOMEIT,
Die Regelungsabrede, S. 72 ff.; FREY, BB 1961 Beilg. H. 12 S. 4; GALPERIN-
SIEBERT, vor § 56 Anm. 42; FITTING-KRAEGELOH-AUFFARTH, § 56 Anm. 4;
KÜCHENHOFF, § 56 Anm. 3; NEUMANN-DUESBERG, S. 411 ff.; ders. Festschrift
für BOGS 1959 S. 275 ff.
[23] BAG AP Nr. 14 zu § 56 BetrVG (2 AZR 503/56); AP Nr. 4 zu § 56
BetrVG Akkord (1 AZR 453/61).
[24] ADOMEIT, RdA 1963 S. 265.
[25] § 29 Abs. 2 S. 3 BetrVG.

nügen, der Maßnahme nicht zu widersprechen. Aber die Erleichterung, auf die man so großen Wert legte, ist minimal.

4 c). Ein zweites Problem, das mit dieser *formlosen Übereinkunft* zusammenhängt, und zwar auch, wenn es sich um eine ausdrückliche Abrede handelt, ist das ihrer *Wirkung*. Sie erfüllt nach der herrschenden Lehre das Erfordernis der Mitbestimmung und räumt das sich aus ihm als Wirksamkeitsvoraussetzung ergebende Hindernis aus — aber nicht mehr[26].

Aber diese formlose Übereinkunft kann doch sicher *nicht* die Wirkung einer Betriebsvereinbarung haben. Sie hat nicht normativen Charakter und kann daher auch nicht unmittelbar den Inhalt der Einzelarbeitsverhältnisse, etwa die Änderung des Akkordsystems, den Übergang von der Barzahlung zur Überweisung bestimmen. Es müssen entsprechende Änderungsverträge mit den einzelnen Arbeitnehmern geschlossen werden. Und wenn ein Arbeitnehmer sich darauf nicht einläßt, dann ist die Änderung nur durch eine Änderungskündigung herbeizuführen. Und wenn der Arbeitgeber bei der heutigen Konjunktur eine solche nicht riskiert, so bleibt alles beim alten. Aber ist das zulässig vom Standpunkt der Lehre, die die Zustimmung des Betriebsrats als Wirksamkeitsvoraussetzung ansieht? Der Betriebsrat wollte doch das Refa-System und nicht mehr das Bedaux-System oder er wollte Überweisung des Arbeitsentgelts und nicht mehr Barzahlung oder umgekehrt und nun bleibt es bei den widersprechenden Arbeitnehmern beim Bedaux-System oder bei der alten Form der Lohnzahlung.

Muß vielleicht der Arbeitgeber eine Kündigung aussprechen? Ist er dem Betriebsrat gegenüber verpflichtet zu kündigen, um die Ordnung der Arbeitsbedingungen herbeizuführen, auf die Gefahr hin, daß der Arbeitnehmer den Arbeitsplatz aufgibt? Das scheint mir zu weit zu gehen.

Oder man meint, nur die *Einführung* oder *Änderung* einer der aufgeführten Angelegenheiten sei der Zustimmung des Betriebsrats unterworfen. Aber ihr Fortbestand, auch im Einzelfall, hänge nicht von seinem Einverständnis ab. Aber damit dürfte wieder nicht verträglich sein, daß der Betriebsrat ja jederzeit

---

[26] Vgl. GALPERIN-SIEBERT, vor § 56 Anm. 43; KÜCHENHOFF, § 56 Anm. 3; SIEBERT, BB 1952 S. 952; GUMPERT, BB 1953 S. 359; GALPERIN, BB 1960 S. 454; NEUMANN-DUESBERG, S. 413.

eine Änderung der zur Zeit herrschenden Gestaltung verlangen und durch eine Anrufung der Einigungsstelle auch erzwingen kann.

4 d). Im engsten Zusammenhang mit dem Mangel an normativer Kraft steht die Frage nach der *Unabdingbarkeit.* Jedermann wird zunächst sagen, selbstverständlich kann eine solche formlose Einigung keine Unabdingbarkeitswirkung haben. Aber spricht ihr die herrschende Lehre nicht doch etwas Ähnliches zu[27]? Nach ihr kann der Arbeitgeber die Akkordansätze nicht ohne Zustimmung des Betriebsrats ändern. Aber das ist doch etwas durchaus Ähnliches wie eine normative Wirkung der Abrede, mit der die zur Zeit geltenden Akkordsätze festgelegt worden sind. Der Einwand, eine solche Abrede schließe es nicht aus, daß im Einzelfall mit Rücksicht auf die Besonderheit etwa des Arbeitnehmers eine Sonderabrede getroffen wird, räumt diese Bedenken nicht aus. Denn das Mitbestimmungsrecht des Betriebsrats hat es ja überhaupt und von vornherein mit einer einzelnen Maßnahme nicht zu tun, die mit Rücksicht auf die individuellen Besonderheiten eines konkreten Falles getroffen wird[28].

Die Praxis hat es bisher nur mit Fällen zu tun gehabt, bei denen es sich um eine Änderung der Arbeitsbedingungen *zuungunsten* der Arbeitnehmer gehandelt hat. Wie ist es aber, wenn es sich um eine Abweichung *zugunsten* der Arbeitnehmer handelt. Konsequent muß auch sie unzulässig sein. *Stahlhacke*[29] meint demgegenüber: da das Mitbestimmungsrecht zugunsten der Arbeitnehmer eingeführt worden sei, müsse eine Abweichung zu ihren Gunsten zulässig sein. Aber dann hat man eine Wirkung, die noch über das Maß hinausgeht, in dem man etwa einer Tarifnorm eine solche Unabdingbarkeit zuspricht.

Vom Standpunkt der herrschenden Lehre ist eine arbeitsvertragliche Abrede über einen Akkordansatz, etwa einen solchen des Systems X ohne Zustimmung des Betriebsrats unwirksam. Haben sich aber Arbeitgeber und Betriebsrat über einen Akkordansatz nach dem System Y geeinigt und schließt der Arbeitgeber

---

[27] ADOMEIT, RdA 1963 S. 265; NEUMANN-DUESBERG, S. 413 ff.

[28] So die jetzt ganz h. M. vgl. u. a.: DIETZ, § 56 Anm. 1 k und RdA 1962 S. 393; GALPERIN-SIEBERT, vor § 56 Anm. 11; FITTING-KRAEGELOH-AUFFARTH, § 56 Anm. 5; NIPPERDEY bei HUECK-NIPPERDEY, II S. 833 f.; ADOMEIT, RdA 1963 S. 264.

[29] STAHLHACKE, DB 1963 S. 68.

jetzt mit einem Arbeitnehmer einen Vertrag über einen Akkordansatz nach dem System X, so soll das zulässig sein, *wenn* dieser
Ansatz für den Arbeitnehmer günstiger ist. Vom Tarifvertrag
her gesehen können, solange keine tarifliche Bestimmung besteht, die Parteien des Einzelarbeitsverhältnisses verabreden,
was sie wollen — erst die *vorhandene* tarifliche Norm zieht den
einzelvertraglichen Abreden eine Grenze. Fehlt dagegen eine
Einigung zwischen Betriebsrat und Arbeitgeber, so ist die Abrede
über den Akkord nach der herrschenden Ansicht unwirksam.
Hat der Arbeitnehmer dann nur einen Anspruch auf Zeitlohn?
Das ist die notwendige Konsequenz. Wenn man dagegen ein-
wendet, der Arbeitgeber müsse dem Arbeitnehmer gegenüber
sich an seinem Wort festhalten lassen und den Akkordlohn bezahlen — ein Gedanke der auch einmal in einer Entscheidung
des BAG anklingt[30] —, so gibt man wieder die These von der
Wirksamkeitsvoraussetzung auf. Im Ergebnis beschränkt man
sie eigentlich nur dahin, daß eine *Änderung* der bestehenden Be-
dingungen im Rahmen des § 56 BetrVG zum Nachteil der Arbeitnehmer ohne Zustimmung des Betriebsrats nicht möglich ist.
Aber damit wird das Mitbestimmungsrecht m. E. denaturiert.

Die Lehre von der Wirksamkeitsvoraussetzung führt m. E.
zu einer Beschränkung der Vertragsfreiheit, die auch durch ihre
Ergebnisse nicht gerechtfertigt ist.

Dem BAG lag ein Fall vor, bei dem der Arbeitgeber den
Arbeitnehmern Überweisung statt Barzahlung angeboten hatte;
die meisten Angestellten und viele Arbeiter waren einverstanden,
während der Betriebsrat widersprach — er wollte eine andere
Formulierung der Anfrage an die Arbeitnehmer, ob sie mit der
Änderung der Zahlungsweise einverstanden seien[31]. Damit
waren nach der herrschenden Lehre diese einzelvertraglichen
Abreden hinfällig. Sollen damit auch die bereits durchgeführten
Überweisungen unwirksam sein? Muß der Arbeitgeber noch einmal bezahlen? Obwohl zwischen ihm und den Arbeitnehmern
doch Übereinstimmung über die Art der Gehaltszahlung bestand? Hier hilft auch der Unterschied zwischen Günstiger und
Ungünstiger nicht — muß man hier mit Kondiktionen arbeiten?

---

[30] AP Nr. 6 zu § 56 BetrVG (1 AZR 397/56).
[31] BAG AP Nr. 2 zu § 56 BetrVG Entlohnung (1 ABR 6/62) und Anm.
von mir in SAE 1964 S. 39 dazu.

Das scheint mir eine Beschränkung der Vertragsfreiheit über
das erträgliche Maß hinaus zu sein, die auch sonst unserem Kol-
lektivrecht unbekannt ist. Es kennt zwar das Günstigkeitsprinzip. Dieses beschränkt die Inhaltsfreiheit. Es kennt auch gewisse
Abschlußverbote, etwa im Tarifrecht, die dann auch die Ab-
schlußfreiheit begrenzen, aber doch nur, *wenn* ein Tarifvertrag
besteht; nicht jedoch so, daß überhaupt eine einzelvertragliche
Abrede unzulässig sein soll, solange keine kollektivrechtliche
besteht.

Ein weiteres Problem, das mit diesen formlosen Überein-
künften zusammenhängt: Nach der herrschenden Lehre ist eine
Änderung des Akkords nicht möglich, auch nicht im Einverneh-
men mit dem einzelnen Arbeitnehmer, solange der Betriebsrat
nicht zustimmt. D. h., die formlose Übereinkunft über den zur
Zeit angewandten Akkordansatz bleibt bis zu einer Änderungs-
abrede oder einem Spruch der Einigungsstelle bestehen, auch
wenn entweder der Betriebsrat oder der Arbeitgeber sich von der
Übereinkunft losgesagt, sie also gekündigt hat. Die herrschende
Lehre kommt hier zu einer ähnlichen Situation, wie wir sie früher bei der Arbeitsordnung kannten. Diese konnte nicht ersatzlos
wegfallen, sondern nur durch eine andere abgelöst werden[32].
Aber damals hatten wir eine öffentlich-rechtliche Pflicht zum
Erlaß der Arbeitsordnung. Es besteht keinerlei Pflicht, daß hinsichtlich der in § 56 aufgeführten Angelegenheiten eine Regelung
getroffen wird. Das Ergebnis der herrschenden Ansicht heißt
doch nichts anderes, als daß diese stillschweigende Abrede eine
Nachwirkung hat und auch das wieder in viel stärkerem Maße,
als sie einer Tarifnorm zukommt. Die tarifliche Nachwirkung
steht einer abweichenden einzelvertraglichen Abrede nicht entgegen, aber die aufgekündigte mündliche Abrede zwischen Arbeitgeber und Betriebsrat soll es tun.

Dieses Ergebnis steht mit der gleichfalls herrschenden Ansicht
im Widerspruch, die ich selbst zwar für falsch halte, aber die
die Zustimmung des BAG gefunden hat, daß die Betriebsverein-

---

[32] §§ 134a Abs. 3, 139 k GewO von 1869 i. d. F. von 1900, § 80a Abs. 3
PrBergG i. V. mit §§ 75 Abs. 2, 80 BRG von 1920 und § 5 Abs. 4 S. 3
SchlichtO von 1923.

barung keine Nachwirkung hat[33]. Ist der Akkord durch eine
Betriebsvereinbarung geregelt und wird die Betriebsvereinbarung
gekündigt, was jederzeit zulässig ist, so sollen nach der herrschenden Ansicht die Akkordregeln auch für die bestehenden
Arbeitsverhältnisse nicht mehr gelten. Der *Arbeitsvertrag* ist insofern inhaltslos. Solange keine neue Vereinbarung mit dem Betriebsrat zustande kommt, hat der Arbeitnehmer nur Anspruch
auf Zeitlohn. Bestand aber eine *formlose* Vereinbarung, kann
weiter wie bisher verfahren werden, bis es zu einer neuen kommt.
M. E. zwingt das notwendig dazu, die Ansicht, daß der Betriebsvereinbarung keine Nachwirkung zukommt, zu revidieren[34].

4e). Es liegt auf der Hand, daß die Lehre von der Wirksamkeitsvoraussetzung einen Ausweg suchen *muß*, wenn *gehandelt*
werden *muß*. Es muß bei Eröffnung eines Betriebes entschieden
werden, wie die Arbeitszeit liegt. Über das Verhalten der Arbeitnehmer muß bei Eröffnung des Betriebes bestimmt werden,
ebenso, wenn sich etwa aus einer Umstellung der Produktion die
Notwendigkeit von Verhaltensvorschriften ergibt. Die Anhänger
der herrschenden Lehre nehmen an, daß der Arbeitgeber in Eil-
fällen einstweilige Maßnahmen ergreifen könne[35]. Mit Recht
hat *Götz Hueck* darauf hingewiesen, daß damit eine ganz besonders große Unklarheit eingeführt wird[36]. Die Entscheidung
soll in ihrer Wirksamkeit davon abhängen, ob wirklich ein Eil-
fall vorgelegen hat. Und wenn das Gericht dann anderer Ansicht
ist, sind dann die Maßnahmen unwirksam, ex tunc, ex nunc?

Das BAG hat vor kurzem gemeint, der Arbeitgeber könne
eine dem Mitbestimmungsrecht des Betriebsrats unterfallende

---

[33] GALPERIN, BB 1949 S. 374; G. HUECK, Betriebsvereinbarung (1952)
S. 132; GALPERIN-SIEBERT, § 52 Anm. 59; NIPPERDEY bei HUECK-NIPPERDEY,
II S. 793; MAUS, § 52 Anm. 59; SITZLER, ARBlattei „Betriebsvereinbarung"
I E (II 2); BOBROWSKI-GAUL, Das Arbeitsrecht im Betrieb 5. Aufl. O VII;
REWOLLE, DB 1959 S. 1400; BAG AP Nr. 1 zu § 57 BetrVG (GS 1/55), AP
Nr. 2 zu § 52 BetrVG (1 AZR 344/60), AP Nr. 25 zu § 56 BetrVG (1 ABR
6/64) — a. A. DIETZ, vor § 56 Anm. 19 und § 56 Anm. 48; wohl auch FREY,
AuR 1960 S. 181.
[34] Neuerdings wollen NEUMANN-DUESBERG, S. 393, BULLA, DB 1962
S. 1207 und FITTING-KRAEGELOH-AUFFARTH, § 52 Anm. 25 den Betriebs-
vereinbarungen im Bereich des § 56 BetrVG Nachwirkung zusprechen.
[35] GALPERIN-SIEBERT, vor § 56 Anm. 17; ADOMEIT, Regelungsabrede
S. 58; FAUTH, BB 1962 S. 376; NEUMANN- DUESBERG, S. 455; REWOLLE, DB
1958 S. 1392; BAG AP Nr. 1 zu § 56 BetrVG Arbeitszeit (1 AZR 492/59);
LAG Hannover BB 1960 S. 985.
[36] G. HUECK, RdA 1962 S. 379.

Maßnahme durchführen, wenn er oder der Betriebsrat gleich-
zeitig die Einigungsstelle anruft[37]. Ist es schon zweifelhaft, ob
es Aufgabe des *Arbeitgebers* ist, dafür zu sorgen, daß der Betriebsrat sein Mitbestimmungsrecht verwirklicht. Aber vor allem
wie soll der Betriebsrat auf die Idee kommen, die Einigungsstelle
anzurufen, wenn er damit erreicht, daß die von ihm abgelehnte
Maßnahme des Arbeitgebers wirksam wird?

Zu welch merkwürdigem Ergebnis die Ansicht von der Wirksamkeitsvoraussetzung führt, zeigen zwei Entscheidungen des
BAG, auf die ich schon mehrmals hingewiesen habe[38]. Durch
Tarifvertrag wurde die Arbeitszeit herabgesetzt. Es galt nun,
die verkürzte Arbeitszeit auf die Tage der Woche zu verteilen.
Arbeitgeber und Betriebsrat konnten sich nicht einigen, wie das
geschehen solle. Das BAG meint, wenn die Kürzung so durch-
geführt werden könne, daß die Arbeit an einem Tage, sagen wir
am Samstag ganz wegfällt, so könne der Arbeitgeber ohne Zustimmung des Betriebsrats diesen Tag arbeitsfrei stellen. Das
wäre keine Veränderung der Lage der Arbeitszeit am Tage.
Schon das scheint mir nicht richtig. Auch die Verteilung der
Arbeitszeit auf die Werktage unterfällt dem Mitbestimmungsrecht des Betriebsrats nach § 56 Abs. 1 lit. a, gerade auch, wenn
dadurch ein Tag arbeitsfrei gestellt werden soll.

Ist aber eine solche Lösung — Wegfall der gesamten Arbeit
an einem Tage — nicht möglich, sondern muß die vorgesehene
Kürzung auf mehrere Tage verteilt werden, sei das — so meint
das BAG — ohne Zustimmung des Betriebsrats unzulässig. D. h.
aber doch, daß bis zur Einigung oder zum Spruch der Einigungsstelle die bisherige Lage der Arbeitszeit bestehen bleiben muß.
Diese entspricht aber der bisherigen *Dauer* der Arbeitszeit,
sagen wir 45 Stunden in der Woche, während der neue Tarifvertrag etwa 42 Stunden vorsieht. Die Arbeitnehmer sind aber
gar nicht verpflichtet, solange zu arbeiten, wie es der fortdauern-
den Regelung der Lage der Arbeitszeit entspricht. Können sie
nach der 42. Stunde die Arbeit abbrechen oder bestimmen sie, an
welchen Tagen und wie die Kürzung der Arbeitszeit durchge-
führt wird, wie sie die 42 Stunden in der Woche verteilt haben

---

[37] BAG AP Nr. 1 zu § 56 BetrVG Arbeitszeit (1 AZR 492/59).
[38] BAG AP Nr. 1 und 2 zu § 56 BetrVG Arbeitszeit (1 AZR 492/59 und
1 AZR 310/60).

wollen? Etwa jeder für sich? Das wäre eine völlige Umkehrung des Bestimmungsrechts über die Lage der Arbeitszeit. Denn die Festlegung der Lage der Arbeitszeit gehört zum Direktionsrecht des Arbeitgebers.

Es zeigt sich also, daß die Lehre, das Mitbestimmungsrecht des Betriebsrats beziehe sich auf die Maßnahme selbst und nicht darauf, daß eine Betriebsvereinbarung darüber zustande komme und daß die Ausübung des Mitbestimmungsrechts Wirksamkeitsvoraussetzung ist, erhebliche Probleme aufwirft, die, wie mir scheinen will, kaum gelöst werden können, zum mindesten nicht widerspruchsfrei.

VI.

Darf ich schließlich noch auf ein ganz anderes Problem übergehen und einige Fragen aus der Fülle der Gestaltung herausgreifen.

1. Nach langer Kontroverse kann man heute es wohl als herrschende Ansicht ansehen, daß sich das Mitbestimmungsrecht im Bereich der sozialen Angelegenheiten nur auf die sog. *formelle* Seite der Arbeitsbedingungen bezieht, nicht auch auf die materielle[39]. Der Betriebsrat hat also mitzubestimmen hinsichtlich der *Lage* der Arbeitszeit, aber nicht auch hinsichtlich ihrer *Dauer*, hinsichtlich der Lage des Urlaubs, aber nicht auch bezüglich seiner Länge. Auch das BAG hat sich dem angeschlossen, langsam tastend — nicht ohne gelegentlich abweichender obiter dicta[40] — zunächst für die Arbeitszeit, dann bei den Wohlfahrtseinrichtungen und schließlich Ende 1962 auch bezüglich der Akkorde, der Entgeltsmethoden und -grundsätze[41].

---

[39] Begründet von Siebert bei Galperin-Siebert, 3. Aufl. vor § 56 Anm. 18; — Dietz, § 56 Anm. 16; RdA 1962 S. 391 f.; Neumann-Duesberg, S. 474 ff.; ders. Festschrift für Bogs S. 275; LAG Düsseldorf, BB 1961 S. 901; — a. A. Fitting-Kraegeloh-Auffarth, BetrVG § 56 Anm. 7; Herschel, AuR 1959 S. 320; 1962 S. 191; 1964 S. 257; Frey, BB 1961 Beil. H. 12 S. 4.
[40] BAG AP Nr. 16 zu § 611 BGB Akkordlohn (4 AZR 321/61) mit Anm. von mir in BB 1963 S. 471.
[41] BAG AP Nr. 1 und 2 zu § 56 BetrVG Arbeitszeit (1 AZR 492/59 bzw. 1 AZR 310/60); AP Nr. 3 und 6 zu § 56 BetrVG Wohlfahrtseinrichtungen (1 ABR 7/59 bzw. 1 ABR 9/63); AP Nr. 3 zu § 56 BetrVG Akkord (1 ABR 4/61); AP Nr. 2 zu § 56 BetrVG Entlohnung (1 ABR 6/62).

Die Überlegung ist folgende: Die Gestaltung der *materiellen* Arbeitsbedingungen, all dessen, was Leistung und Gegenleistung zum Gegenstand hat, ist in erster Linie Aufgabe der *Sozialpartner* durch Abschluß von Tarifverträgen, bei uns in Deutschland also regelmäßig im überbetrieblichen Raum. Dort aber wird von allen Seiten eine Zwangsschlichtung schlechthin perhorresziert. Für das Mitbestimmungsrecht des Betriebsrats in sozialen Angelegenheiten ist es aber wesentlich und geradezu charakterisierend, daß bei Nichteinigung eine Einigungsstelle auch nur auf Antrag eines Teiles, also des Betriebsrats oder des Arbeitgebers, einen bindenden Spruch fällen kann. Es wäre ein innerer Widerspruch, wenn die gleiche Frage innerhalb des Betriebes einer Zwangsschlichtung unterstellt würde, die es im überbetrieblichen Raum, wohin ihre Gestaltung der Sache nach eigentlich gehört, nicht gibt. Darüber hinaus ist es auch nicht Aufgabe der Betriebsräte, Lohnpolitik oder etwa Arbeitszeitpolitik zu betreiben. Das ist eine Aufgabe der Gewerkschaften.

2. In diesem Zusammenhang eine Frage aus dem *Akkord- und dem Prämienrecht*, die, soweit ich sehe, in der Praxis noch nicht aufgetreten, in der Literatur kaum berührt worden ist.

Beim *Akkord* bedeutet der Grundsatz, daß das Mitbestimmungsrecht sich nur auf die formelle Seite bezieht, daß es nur etwas mit dem sog. *Zeitfaktor* zu tun hat.

Jeder Akkordansatz wird bestimmt durch den Zeitfaktor und den Geldfaktor. Wenn der Akkord etwa für das Streichen von Fahnenstangen angesetzt werden soll, ein Beispiel, das ich immer wieder bringe, so muß man überlegen, wie lange man braucht, um eine Fahnenstange zu streichen. In der modernen Arbeitswissenschaft ist das die Arbeitszeit, die der Normalleistung entspricht, sagen wir 20 Minuten. Dann fragt man sich, wieviel soll der Arbeitnehmer bei Normalleistung in der Stunde verdienen, sagen wir 3,60 DM, also setzt man für das Anstreichen einer Fahnenstange 1,20 DM an. Er bekommt dann für jede von ihm gestrichene Fahnenstange 1,20 DM, gleichgültig, wie lange er dazu gebraucht hat. Das ist der sog. Stück- oder Geldakkord.

Heute ist die Methode verfeinert, man verwendet weitgehend den Zeitakkord. Bei ihm wird meistens nach einem bestimmten wissenschaftlichen System festgestellt, wieviel Minuten oder Stunden man bei Normalleistung für ein Arbeitsvorkommen braucht, also für die Fahnenstange 20 Minuten, das ist der sog. *Zeitfaktor*. Für jedes Arbeitsvorkommen wird dem Arbeitnehmer die entsprechende Zahl von Minuten, hier 20, „vorgegeben". Jeder dieser vorgegebenen Minuten wird ein bestimmter Geldbetrag zugeordnet, der sog. *Geldfaktor*, in unserem Fall 6 Pf. Der Arbeitnehmer bekommt für jedes fertiggestellte Stück die entsprechende Zahl von Minuten, hier also 20 gutgebracht. Hat er 10 Fahnenstangen abgeliefert, so bekommt er die Vergütung für 200 Minuten, also 12,— DM, gleichgültig, wie lange er wirklich gearbeitet hat.

Zeitakkord und Stückakkord unterscheiden sich *nur* dadurch, daß die Zeitvorstellung bei ersterem ins Bewußtsein gehoben und damit klarer hervortritt.

Nur auf den *Zeitfaktor*, d. h. die Bestimmung der Zeit, die für die Erbringung der Leistung notwendig ist, bezieht sich das *Mitbestimmungsrecht* des Betriebsrats, und zwar vor allem, *wie* diese Zeit bestimmt werden soll[42], nach welchem *System*, ob durch eine Kommission, an der der Betriebsrat beteiligt ist, oder zunächst durch den Arbeitgeber, während die Kommission erst eingreifen soll, wenn die Richtigkeit der Vorgabe bezweifelt wird. Die Einschaltung des Betriebsrats beim Akkord soll dazu dienen, sicherzustellen, daß die richtigen Zeiten vorgegeben werden[43].

Deshalb ist das Mitbestimmungsrecht bei Akkorden schon 1920[44] eingeführt worden, nämlich um die Manipulation an den Zeiten, mit dem Ziele, die Akkordverdienste zu senken, die berüchtigte Akkordschere, zu verhindern. Es liegt auf der Hand, daß der Arbeitnehmer, wenn man ihm weniger Minuten vorgibt, als der Normalleistung gemäß ist, weniger Lohn erhält, als seiner Leistung entspricht, andererseits mehr, wenn zuviel Minuten vorgegeben werden.

Dagegen unterliegt die Höhe des Lohnes nicht dem Mitbestimmungsrecht des Betriebsrats. D. h. mit dem Geldfaktor hat er nichts zu tun.

---

[42] Vgl. Dietz, § 56 Anm. 36 m und BB 1960 S. 367 ff.; Galperin-Siebert, § 56 Anm. 82; Gaul, ArbGeb 1962 S. 405; Neumann-Duesberg, S. 495.

[43] Dietz, § 56 Anm. 36 i; Galperin-Siebert, § 56 Anm. 87; Fitting-Kraegeloh-Auffarth, § 56 Anm. 42; Gaul, in Hilger, Probleme des Akkordrechts S. 35 f., 57 f.; Neumann-Duesberg, S. 496.

[44] § 78 Ziff. 2 BRG von 1920.

Man ist sich weitgehend einig, daß die Partner des Betriebes frei sind, *wie* sie das Zusammenspiel von Arbeitgeber und Betriebsrat bei den Bestimmungen des Zeitfaktors gestalten wollen.

Auf eine Meinungsverschiedenheit möchte ich jedoch hinweisen. Ich bin der Ansicht, daß die Frage, *ob* Akkord eingeführt werden soll, ein Entlohnungsgrundsatz ist, also unter § 56 lit. h fällt[45]. Die Frage dagegen, nach welchem *System* der Akkord angesetzt werden soll, ist bereits eine Frage der Regelung des Akkordes nach § 56 lit. g[46]. Andere nehmen dagegen an, daß auch die Entscheidung, nach welchem System der Akkord festzusetzen ist, noch ein Entlohnungsgrundsatz i. S. von lit. h ist[47]. Der Unterschied ist wesentlich. Nach meiner Ansicht ist dem Mitbestimmungsrecht des Betriebsrats nach lit. g schon Genüge getan, wenn das Akkord*system* festgelegt wird. Nach der anderen Ansicht ist damit erst dem Mitbestimmungsrecht über die Einführung von Entlohnungsgrundsätzen entsprochen, und sie fordert noch eine weitere Abrede, wie auf Grund des verabredeten Systems, etwa des Refa-Systems, der Akkord festgesetzt werden soll. Allerdings dürfte es sich um ein theoretisches Problem handeln. Mir ist keine Abrede bekannt, in der nicht auch das Verfahren zur Festsetzung der Akkorde bestimmt worden ist.

Was für den Akkord gilt, gilt auch für den *Prämienlohn.* Wenn in einem Betrieb Prämienlohn eingeführt werden soll, so unterliegt das dem Mitbestimmungsrecht des Betriebsrats. Allerdings gilt beim Prämienlohn nur lit. h des § 56, nicht auch lit. g[48]. Auch hier bezieht sich das Mitbestimmungsrecht nicht auf die materielle Seite, also auf die Höhe des Prämienlohns, sondern nur auf die formelle Seite. Der Prämienlohn wird in Zukunft eine größere Rolle spielen, weil die fortschreitende Automatisation die Möglichkeiten des Akkordes einschränkt. Andererseits

---

[45] DIETZ, § 56 Anm. 36 c; ebenso: BÜHRIG, § 56 Anm. 13, ERDMANN, § 56 Anm. 32; FITTING-KRAEGELOH-AUFFARTH, § 56 Anm. 47; GALPERIN-SIEBERT, § 56 Anm. 93; NEUMANN-DUESBERG, S. 497; NIPPERDEY bei HUECK-NIPPERDEY, II S. 831; BAG AP Nr. 1 zu § 56 BetrVG Entlohnung (1 ABR 22/59).

[46] Vgl. DIETZ, § 56 Anm. 36 c; ebenso NIPPERDEY bei HUECK-NIPPERDEY, a. a. O., ERDMANN, § 56 Anm. 32.

[47] GALPERIN-SIEBERT, § 56 Anm. 83 und 94; FITTING-KRAEGELOH-AUFFARTH, § 56 Anm. 49; NEUMANN-DUESBERG, S. 497; SIEBERT-HILGER, Probleme des Akkordrechts S. 94; offengelassen vom BAG a. a. O.

[48] Vgl. Fußnote Nr. 47, PAWELKE, BB 1959 S. 1315 ff.; SCHAEFER, BB 1960 S. 1393.

ist hier noch vieles sehr ungeklärt. Wir stehen nicht nur in arbeitswissenschaftlicher, sondern auch in der rechtlichen Erfassung der Konstruktionselemente noch sehr in den Anfängen, und es ist noch nicht ausgetragen, was beim Prämienlohn zur formellen, was zur materiellen Seite gehört.

M. E. fällt in den Bereich des Mitbestimmungsrechtes zunächst die Entscheidung, für *was* eine Prämie gezahlt werden soll, etwa für die Menge der Produktion, für die Qualität, für die Ausnutzung der Maschinen, für die Senkung des Ausschusses usw., wohl auch die Bestimmung der Größen, von denen ausgegangen werden soll, etwa von welcher Menge ab eine Prämie in Betracht kommt, wie groß der unvermeidbare Ausschuß ist, bis zu welcher Größe man gehen soll[49]. Dagegen welcher *Betrag* für die jeweilig gesteigerte Leistung gewährt wird, fällt nicht unter das Mitbestimmungsrecht. Dabei tritt eine Besonderheit der Prämie hier hervor, daß die Prämienhöhe ja nicht in einer bestimmten, genauen Relation zur *Quantität* der Leistung steht, anders als beim Akkord, sondern daß die Prämie meistens kurvenförmig steigt, nach meiner Kenntnis meist progressiv.

Aber eine andere Frage scheint mir in diesem Zusammenhang von Akkord und Prämie noch besonders interessant.

Kann der Betriebsrat einen *bindenden Spruch* der Einigungsstelle über die *Einführung* von Akkordlöhnen oder Prämienlöhnen gegen den Willen des Arbeitgebers *herbeiführen?*

Dabei ist davon auszugehen, daß grundsätzlich der Betriebsrat in den Fällen des § 56 einen bindenden Spruch der Einigungsstelle auch gegen den Willen des Arbeitgebers beantragen kann. D. h. er kann, wenn die Einigungsstelle sich ihm anschließt, auch gegen den Willen des Arbeitgebers eine Regelung der in § 56 angeführten Angelegenheiten erzwingen, auch eine Änderung der bisher geltenden Gestaltung[50].

So kann er die Einigungsstelle anrufen mit dem Ziel, die Lage der Arbeitszeit anders festzulegen als bisher, etwa um den Sonnabend freizustellen, aber auch, um in einer bestimmten Woche, etwa zwischen Weihnachten und Neujahr, einen oder mehrere Tage arbeitsfrei zu bekommen.

---

[49] So auch PAWELKE, a. a. O., S. 1317; SCHAEFER, a. a. O., S. 1397.
[50] Vgl. DIETZ, vor § 49 Anm. 31 a und § 56 Anm. 43; GALPERIN-SIEBERT, vor § 49 Anm. 29; FITTING-KRAEGELOH-AUFFARTH, § 50 Anm. 31 ff.

Der Betriebsrat kann einen Spruch der Einigungsstelle mit dem Antrag provozieren, daß die bisherige Regelung des Akkordansatzes geändert wird, daß etwa nicht mehr zunächst der Arbeitgeber allein die Akkorde festsetzt und der Betriebsrat erst bei der Kontrolle eingeschaltet wird, sondern daß von Anfang an die Festsetzung durch eine Kommission erfolgt oder daß das Refa-System durch das Bedaux-System ersetzt wird oder daß die Prämienregelung eine andere sein soll.

Er kann auch der Einführung des Akkordes oder eines Prämienlohnes *widersprechen*, wenn nicht ein Tarifvertrag dem entgegensteht. Dann mag vielleicht der Arbeitgeber die Einigungsstelle anrufen.

Aber kann der Betriebsrat, wenn bisher nicht im Akkord gearbeitet worden ist, die Einigungsstelle anrufen mit dem Ziel, daß nunmehr im Akkord gearbeitet werden soll oder daß etwa ein Prämienlohn eingeführt wird? Steht dem nicht entgegen, daß es sich bei der Frage, *ob* Akkord, *ob* Prämienlohn bezahlt wird, um eine *materielle* Arbeitsbedingung handelt?

Zur Erfassung der Problematik muß die tarifliche Situation völlig außer acht bleiben, ob in einem für den Betrieb maßgeblichen Tarifvertrag etwas über den Akkordlohn steht, etwa daß Arbeiten, die im Akkord ausgeführt werden können, im Akkord geleistet werden sollen. Dann kann der Betriebsrat selbstverständlich die Einführung des Akkordlohnes fordern. Denn es handelt sich dann um die Durchführung des Tarifvertrages. Dafür Sorge zu tragen fällt in den Aufgabenbereich des Betriebsrats.

Die Frage ist isoliert zu betrachten, um sie im grundsätzlichen zu erfassen. Es sei davon ausgegangen, daß überhaupt kein Tarifvertrag besteht oder daß in dem Tarifvertrag von einem Akkordlohn nichts steht. Nicht entscheidend halte ich es, ob es an einem besonderen Akkordrichtsatz fehlt. Man kann auch den Zeitlohn als Akkordrichtsatz verwenden, d. h. die Normalleistung auf den Zeitlohn abstellen.

Ich glaube, die Frage, ob der Betriebsrat die Einführung von Akkordlöhnen oder Prämienlöhnen verlangen kann, ist zu verneinen. Wenn den Arbeitnehmern, die bisher im Zeitlohn gearbeitet haben, nunmehr ein Akkordlohn zustehen soll, so bedeutet das, daß damit die Gegenleistung des Arbeitgebers beeinflußt wird, und zwar notwendigerweise beeinflußt wird, insofern nunmehr die Arbeitnehmer die Möglichkeit haben, durch höhere Leistung einen höheren Lohn zu erhalten. Es wird also vom Arbeitgeber ein höherer Lohn verlangt, als er zur Zeit zu gewähren verpflichtet ist. Dabei ist es völlig gleichgültig, ob dieser höheren Leistung des Arbeitgebers vielleicht eine höhere Leistung des Arbeitnehmers gegenübersteht. Ob der Arbeitgeber aber höhere Löhne leisten muß, ist eine materielle Arbeitsbedingung, die nicht unter das Mitbestimmungsrecht des Betriebsrats fällt.

Das wird ganz besonders deutlich, wenn man an den Prämienlohn denkt, bei dem dem Arbeitnehmer zu seinem bisherigen Zeitlohn zusätzlich eine Leistung des Arbeitgebers gewährt wird.

D. h. der Betriebsrat hat m. E. nicht die Möglichkeit, die Einigungsstelle anzurufen mit dem Verlangen, Akkord- oder Prämienlohn einzuführen.

Diese These hat sich mit der Feststellung auseinanderzusetzen, daß die *Einführung* von Akkordlöhnen und von Prämienlöhnen der Zustimmung des Betriebsrats bedarf. Denn damit nimmt er Einfluß zum mindesten negativ auf die Leistung des Arbeitgebers, als diese nicht geändert werden darf — natürlich vorbehaltlich dessen, daß nun seinerseits der Arbeitgeber die Einigungsstelle anrufen kann mit dem Antrag, einen bindenden Spruch über die Einführung des von ihm angestrebten Lohnsystems zu fällen.

Aber dieser Einfluß des Betriebsrats beruht darauf, daß er sich weigert, die formelle Seite der Angelegenheit mitzugestalten und so die Einführung dieser Angelegenheit verhindert.

Ich meine also, der Betriebsrat kann nicht den Arbeitgeber zwingen, auch nicht über den Spruch der Einigungsstelle, Akkordlöhne oder Prämienlöhne einzuführen. Sein Mitbestimmungsrecht beschränkt sich darauf, eine Barriere zu ziehen, sich gegen die Einführung auszusprechen und darauf, daß, wenn es zur Einführung kommt, bei der Ausgestaltung in dem vorhin gemeinten Sinn sein Mitbestimmungsrecht geltend zu machen.

Ich glaube, daß das ein vernünftiges Ergebnis ist, daß einerseits dem Betriebsrat nicht die Möglichkeit eröffnet wird, dem Arbeitgeber materielle Lohnlasten gegen seinen Willen aufzu-

erlegen, andererseits dem Mitbestimmungsrecht des Betriebsrats
Genüge getan ist.

Es besteht insoweit eine gewisse Parallele zu dem Mitbestimmungsrecht bei *Wohlfahrtseinrichtungen*. Der Betriebsrat kann
die Errichtung einer solchen nicht erzwingen, weil er den Arbeitgeber nicht zwingen kann, Geld zur Verfügung zu stellen. Aber
wenn eine Wohlfahrtseinrichtung vorhanden ist, hat er ein Mitbestimmungsrecht, wie sie verwaltet werden soll.

Es zeigt sich hier gleichsam in einer besonderen Ausprägung,
daß die materiellen Arbeitsbedingungen nicht dem sogenannten
erzwingbaren Mitbestimmungsrecht unterfallen.